Taro Yamada / Guido Keller (Hg.)

Bizzaria

555 japanische Eigenarten und Mafia-Adressen

Angkor Verlag

Bizzaria. 555 japanische Eigenarten und Mafia-Adressen./ Yamada, Taro und Keller, Guido (Hg.). – Frankfurt: Angkor Verlag, 2003.

Bibliografische Information der Deutschen Bibliothek

Die Deutsche Bibliothek verzeichnet diese Publikation in der Deutschen Nationalbibliografie; detaillierte bibliografische Daten sind im Internet über http://dnb.ddb.de abrufbar.

© Angkor Verlag, Frankfurt 2003

Website: www.angkor-verlag.de
Kontakt: verlag@angkor.de

Coverdesign: Claudio Gomez, Frankfurt/Main
Herstellung: Books on Demand GmbH

ISBN: 3-936018-07-3

Inhalt

Einleitung *4*

Japanische Eigenarten von Z bis A *7*

T-Shirt-Sprüche, Schilder, Markennamen *61*

Weitere Beispiele für japanisches Englisch *67*

Ein paar hilfreiche Worte für Sex *75*

Ganovensprache *77*

Adressen der *Yakuza* *78*

Die 20 beliebtesten Showkünstler *83*

Einleitung

Haben Sie schon mal ein Kaugummi gegessen, das wie eine weibliche Brust geformt war? Aloejoghurt geschlemmt oder ein Erdbeersandwich verdrückt? Und dazu vielleicht einen Zwiebelwein getrunken? Oder doch nur einen schwachen Kaffee, *American* genannt? Glauben Sie auch, dass zerbrechende Stäbchen beim Essen in Ihrem asiatischen Lieblingsrestaurant Unglück bedeuten? Oder dass jemand über Sie tratscht, wenn Sie sich schnäuzen müssen? Das alles ist in Japan keine Seltenheit. Darum stellen wir hier eine Auswahl japanischer Eigenheiten zusammen, die Ihnen, liebe Leser, nicht nur das Wesen dieses fernen Inselvolkes näher bringt, sondern auch bei mangelnden Sprachkenntnissen für Kontakt und Gesprächsstoff sorgen kann. So haben wir besonders viele Fremdworte erklärt, die in die japanische Sprache Eingang gefunden haben, und ein paar Phrasen zum Kennenlernen zwecks Sexes, die Sie kaum in Ihrem Reiseführer finden dürften. Bitte vergessen Sie dabei nicht ihre „Haut" (das Kondom). Einige Worte aus dem Ganovenslang dürfen nicht fehlen, damit Sie wissen, mit wem Sie es unter Umständen zu tun haben. Falls Sie Ihre Kenntnisse gerade in dieser Hinsicht vertiefen wollen, finden Sie hier auch die Adressen der wichtigsten *Yakuza*-Organisationen, die Ihnen vielleicht sogar zeigen, wie Sie sich am besten Perlen in den Penis implantieren, um ihrer Geliebten noch mehr Freude bereiten zu können. Populäre Personen aus der Welt des Sports und der Kultur zu kennen, kann auch nicht schaden. Mit diesem Wissen werden Sie bei Ihrem Japanaufenthalt sicher als *omoshiroi* (interessant und lustig) auffallen. Sind Ihre Sprachkenntnisse ausgereifter, ruft Sie vielleicht mal eine TV-Station an, damit Sie auf Japanisch komplizierte Sachverhalte erklären – sehr zum Vergnügen der Einheimischen, die auch gerne hören, wie Besoffene am Telefon versuchen, Fragen von Moderatoren zu beantworten. Im Lichte solchen Humors mögen Sie, liebe Leser, dieses Büchlein betrachten, auf dass es Ihnen außer Nutzen auch Freude bereite.

Kurz vor Redaktionsschluss hat mir Takao Mukoh dankenswerterweise noch den Zeitungsbericht zur Rückbesinnung auf die japanische Sprache gesandt (und mit kritischen Anmerkungen versehen), den Sie ab Seite 67 studieren können.

Thank you for your kindness, tenderness.

Zweiter Monat im Jahr des Schafes

Der Mann mit dem (lichten) *Barcode*-Haar

Anm.: ^ bedeutet langer Vokal

Japanische Eigenheiten von Z bis A

Zippo	Der Feuerzeug-Klassiker ist in Japan ein sehr beliebtes Sammelobjekt.
Zeichen-Sprache	Japaner zeigen auf ihre Nase statt auf die Brust, wenn sie auf sich selbst weisen; sie legen die Finger wie Teufelshörner an den Kopf, um Wut zu symbolisieren; ein fragender Blick bei hochgerecktem kleinen Finger bedeutet: „Triffst du heute Nacht deine Freundin?"; die Faust an der Nase heißt z. B.: „Ist die aber hochnäsig" *(taka-bi)* – in Anlehnung an den großnasigen *Tengu*-Geist; mit dem Finger einen imaginären Schnitt auf der eigenen Wange zu vollziehen bedeutet: „Vorsicht, *Yakuza* (Gangster)!"; eine freche Kindergeste ist das Herunterziehen des einen unteren Augenlides bei gleichzeitigem Herausstrecken der Zunge, „a-kan-bê" genannt, was diese Kinder dazu auch intonieren.
Zahnweh	Eingriffe am Zahn werden vom Arzt gern auf möglichst viele Termine gelegt, offenbar, weil pro Behandlung nur ein kleiner Betrag abgerechnet werden kann. Ausge-

fallene Kinderzähne werden übrigens aus Aberglaube – um für ein gutes Gebiss zu sorgen – aufs Dach geworfen (wenn sie aus der unteren Zahnreihe stammen) oder unters Haus (wenn sie vom Oberkiefer kommen).

zâ zâ   Das Geräusch starken Regens.

yukata   Leichte Baumwollmäntel, wie man sie im Hotel findet, die unseren Bademänteln ähneln, von Ausländern meist aber fälschlich als *Kimonos* bezeichnet.

yobisute „Wegwerfen des Namens"; vertrautes Anreden eines Menschen allein mit seinem Namen, ohne jeden Zusatz; nur in ganz engen Beziehungen möglich. Ansonsten sind z. B. üblich die Endungen „-san" für Höherstehende (z. B. Kurosawa-san), „-kun" für jüngere Kommilitonen, „-chan" für kleine Mädchen, „-kun" für kleine Jungen, „-sama" bei formellen Angelegenheiten wie Einladungen zu Hochzeiten usw.

yobikô   Auf die Uni vorbereitende Schulen, die von denen besucht werden, die an den Aufnahmeprüfungen (zunächst) gescheitert sind. Die üblichen „Pauk-Schulen", die nach 16 Uhr oder an Wochenenden von vielen jüngeren Schülern schon wegen der sozialen Bindungen besucht werden, heißen hingegen *juku*.

Yasukuni-Schrein	Kriegerdenkmal für die im Zweiten Weltkrieg gefallenen Soldaten, das üblicherweise am 15. August, dem Tag der Kapitulation Japans, besucht wird; Premier Koizumi tat es im Jahr 2001 zwei Tage früher, um die Chinesen und Koreaner nicht zu verärgern, denn im Schrein sind auch 14 Kriegsverbrecher beigesetzt.
yankî-zuwari	„Sitzen wie ein Yankee": das für Asiaten typische Hocksitzen mit den Fersen auf dem Boden, in dem man zum Beispiel an Haltestellen wartet (Ausprobieren, lohnt sich vor allem bei Rückenschmerzen!). Als *yankî* werden normalerweise jugendliche Flegel bezeichnet, die rauchen, die Schule schwänzen und sich lieber in Spielhallen herumtreiben; möglicherweise angelehnt an das bei diesen beliebte Färben der Haare (oft in Blond).

Yamaguchi-gumi	Größtes Gangstersyndikat Japans, dem die meisten Verbrechen angelastet werden, etwa ein Zehntel davon seinem koreanischen Zweig.
Yakuza	„Acht-Neun-Drei", aus dem Kartenspiel *oicho-kabu* entlehnter Ausdruck, bei dem es – ähnlich dem *Blackjack* – darum geht, 19 Punkte zu erzielen; acht plus neun plus drei ergibt 20 und wäre demnach wertlos – als was die *Yakuza* von der Gesellschaft meist angesehen werden.
Yakult Ladies	Nach dem die gesunde Darmflora fördernden Yoghurtdrink (gesprochen: „Yakuruto") benannte Frauen, die in grünen Uniformen zu ihren Kunden radeln, um das Produkt zu verkaufen.
yakudoshi	Ein Unglücksjahr, das sich in regelmäßigen Abständen für den Einzelnen wiederholt, je nach Geburtsdatum und Geschlecht. In einem solchen Jahr gelingt fast nichts. Für Frauen ist besonders das 33., für Männer das 42. Lebensjahr ungünstig. *butsumetsu* wird ein Unglückstag genannt, *taian* ein Glück bringender Tag (an dem man z. B. heiraten sollte).

yakiniku	Koreanisches Barbecue
yaeba	Schiefe und übereinander stehende Zähne, die als attraktiv angesehen werden (auch wenn ihre Ursache teils darin liegt, dass üblicherweise Zahnspangen nicht von der Versicherung bezahlt werden); viele Stars kommen damit gut an.
wasei-eigo	Speziell in Japan kreiertes Englisch, auch *Japlish* genannt.
wanman (JE)	Bezeichnung für von einem Einzelnen („one man") gesteuerte Fahrzeuge, insbesondere Busse; die Gäste müssen ihr Ticket beim Fahrer bezahlen, nicht – wie noch in den 60er- und 70er-Jahren – bei einer Schaffnerin.
wan wan	Klang des Bellens eines großen Hundes.
wabi, sabi	Ästhetisches Konzept der Japaner, mit „Weniger ist mehr" zu umschreiben; bevorzugt Unvollständiges, Einfaches, Unkonventionelles.
wâpuro (JE)	Von *word processor*: Computer für Textverarbeitung.
W (JE)	Steht für „doppelt"; auf Waschma-

	schinen z. B.: „W Power".
virgin	Engl. für „Jungfrau": nur für die Frau gebräuchlich, nicht für den Mann (der ist in diesem Fall *dôtei)*
Verpackung	Japaner lieben nicht nur schön verpackte Geschenke, auch Waren erhalten wesentlich mehr Verpackungsmaterial als bei uns (Beispiel: einzeln eingeschweißte Kekse); dafür sind die Hüllen stets leicht zu öffnen und es erschließt sich immer gleich, wo man ziehen oder reißen muss.
usugi	Dünne und „enthüllende" Sommerkleidung von Frauen
Umi no Hi	„Tag des Meeres": Neu eingeführter Feiertag im Juli, von dem sich die Regierung erhöhte Ausgaben von Privatleuten verspricht.
uguisu	Ca. 15 cm große, japanische Nachtigall, die den Frühling symbolisiert.
tsuyu	„Pflaumenregen": bezeichnet die Regensaison im Mai, wo die Tropfen besonders groß sind.
tsuru tsuru	Onomatopoetische Umschreibung

	für samtweiche Haut.
tsubo	Flächenmaß, das meist statt „Hektar" für Grundstücke benutzt wird und der Größe von zwei *Tatami*-Matten entspricht; die Anzahl der *Tatamis* gibt auch die Größe eines Raumes an.
traing (JE)	Werbewort von *Japan Railroad*, das Zugfahren quer durch Japan propagiert.
toshi-koshi-soba	Nudeln, die langes Leben schenken sollen und in der Silvesternacht gegessen werden.
toire (JF)	Toilette; in Japan getrennt vom Bad. In öffentlichen Damentoiletten stehen oft Geräte, die das den Frauen peinliche Geräusch ihres Wasserstrahls übertönen sollen; manche benutzen dort auch ein Duftspray, um keine Eigengerüche zu hinterlassen. Klopapier ist *toiretto pêpa*.
Todesstrafe	In Japan warten zum Tode Verurteilte in Zellen, die mit Tatami-Matten ausgelegt sind. Wird ein Premierminister abgewählt, ist es Tradition, dass er zum Ende seiner Amtszeit die Todesurteile (durch Erhängen) vollstrecken lässt.

Toda Natsuko	Führende Kapazität auf dem Gebiet der Untertitelung und Synchronisation ausländischer Filme.
the (JE)	Gesprochen „za"; beliebter englischer Artikel, z. B. in Markennamen wie *The Curry* oder *The Sentakuya* (ein Waschautomat).
Tetsuya Komuro	Wohl der (finanziell) erfolgreichste Musiker, Komponist und Produzent Japans, der Kopf hinter Interpreten und Bands wie *TRF, Speed, Max, Namie Amuro* und *Globe* (zu der er selbst gehört), der es verstand, in den 90ern karaokefähige Songs tanzbar zu machen und der seine Titel oft zu Werbeclips im TV anklingen und von lolitaesken jungen Frauen interpretieren ließ.
tero	Terrorismus
tenno-heika	„Ihre Majestät, der Kaiser"; altmodische, aber gebräuchliche Verehrungsfloskel.
Tanabata	Festival am 7. Juli, das auf ein chinesisches Märchen zurückgeht, nach dem die Sterne Altair und Vega (in der japanischen Version Prinz Hikoboshi und Prinzessin Orihime) durch den „Fluss des

Himmels", die Milchstraße, getrennt werden und sich nur an diesem einen Tag im Jahr wieder sehen können. Kennzeichen dieses Festtages sind das Erklingen der *Taiko*-Trommeln und gemeinsame Umhertragen eines Schreines *(omikoshi)*.

Tamura Ryoko	Goldmedaillengewinnerin im Judo bei den Olympischen Spielen von Sydney; Spitzname: *Yawara* (nach der bekannten Manga-Serie)
takenoko zoku	Die „Bambussprossen"-Generation: Jugendliche der 70er- und 80er-Jahre.
sutoraiki (JE)	Von „strike": der Streik, in den Arbeiter treten.
sutobu (JE)	Von *stove* (Ofen), die üblichen Kerosin-Heizkörper in japanischen Wohnungen.
Sumo	Bekannteste Großmeister *(yokozuna)* der jüngeren Zeit sind die Brüder Takanohana und Wakanohana. Das Verdrängen des Gegners aus dem Ring, das zum Sieg führt, heißt *oshidashi*.
sumimasen	„Entschuldigung"; ist in vielen Fäl-

(deshita)	len besser, als sich zu bedanken, zum Beispiel, wenn einem nach Geschäftsschluss vom Ladeninhaber noch ein Gefallen getan wird.
sokkuri	Ausruf, wenn sich zwei Menschen gleichen (z. B. Vater und Sohn).
smoking kônâ (JE)	Raucherzone
skinship (JE)	Das liebevolle Berühren eines Kindes durch die Eltern.
Shuwa-chan	Arnold Schwarzenegger
shûshin koyô	Lebenslange Anstellung; einst Tradition, kann sie heute nicht mehr erwartet werden.
Shoji Joe	Bekannter Fußballspieler, der in die spanische Profiliga ging.
sho ga nai	„Da kann man nichts machen." Beliebter Ausspruch.
shiritori	Beliebtes Kinderspiel, bei dem die letzte Silbe eines Wortes den Anfang eines neuen Wortes bilden muss.
shippo ga deru	Warnung vor dem Versuch, sein wahres Ich vor jemandem zu ver-

	bergen, da „der Schweif herausrutschen könnte".
shiku shiku	Das Geräusch des Schluchzens.
shiiin	Das Geräusch der ... Stille.
shichi-go-san	„7-5-3". Ursprünglich eine *Shinto*-Zeremonie, die zugunsten der Gesundheit eines Jungen im Alter von 5 Jahren und eines Mädchens im Alter von 3 und 7 Jahren abgehalten wird; dazu werden oft Erinnerungsfotos in einem Studio geschossen.
shaken	Der japanische TÜV, ein Check-up des eigenen Autos, der zusammen mit einer Steuer ca. 1400 Euro kostet und zweijährlich nötig ist; Sinn ist auch das Ermutigen zum frühzeitigen Kauf von Neuwagen. Alte Autos werden kostenpflichtig für ca. 200 Euro entsorgt, Verkaufen ist fast unmöglich.
sewa ni natteiru	Menschen, denen man Dank schuldet (Lehrer, Geschäftspartner etc.) und im Juli und Dezember Geschenke macht.
seiyû	Synchronsprecher; sehr beliebt und versiert (was man von anderen asiatischen Ländern kaum sagen kann).

Seiyô sûhai shugi	„Wertschätzen des Westens"; Neigung der Japaner, sich am Westen zu orientieren, sichtbar zum Beispiel in der Gesetzgebung und im Entlehnen von Begriffen aus europäischen Sprachen, auch im Adaptieren von US-TV-Serien bis hin zur Oscarverleihung *(Japanese Academy Awards)*. Präfekturen wurden einst nach französischem Ideal eingeführt, das japanische Militär nach preußischem Vorbild geformt, das Parlament wie das britische Unterhaus gestaltet. Dies geht so weit, dass Japaner den Ausdruck „Asien und Japan" benutzen, um sich von anderen Asiaten abzugrenzen. Auf Honshu gibt es „Japanische Alpen", der *Tokyo Tower* ist dem Eiffelturm nachempfunden, der Kronprinz lebt in einem Palast, der dem in Versaille gleicht. Übrigens wurde Japan demselben Regionalcode bei DVDs zugeteilt wie Europa (Code 2).
seiri	„Physiologie"; Euphemismus für Menstruation.
seikô suru	Erfolg haben oder: Vögeln.
seijin no hi	Feier des Erwachsenwerdens mit 20 Jahren.

Schuhe	Wirft man einen Schuh zu Boden und landet er aufrecht, gibt es schönes Wetter; landet er auf dem Kopf, wird das Wetter schlecht.
Schlürfen	Beim Essen japanischer Nudeln *(soba)* okay, beim Essen von Spaghetti verpönt.
Sazae-san	Langlebige TV-Serie, die sich um die Familie Isono dreht.
Saunas	Eine preiswerte Übernachtungsmöglichkeit, wenn sie 24 Stunden geöffnet haben; es gibt Liegen zum Entspannen, auf denen Japaner nachts regelmäßig in Schlaf fallen – Tagespreis z. B. in Shibuya mit ca. 25 Euro etwa halb so hoch wie günstigste Hotels.
sake	Steht für alle Alkoholika, nicht nur für Reiswein.
SA (JE)	„service area": Erfrischungsimbiss
ruksak (JD)	Rucksack
rom-pari	„Rom-Paris": Bezeichnung fürs Schielen (das eine Auge blickt nach Rom, das andere nach Paris).
romansu-	Von „romantic grey" – Anspielung

gurei (JE)	auf das ergrauende Haar von Männern mittleren Alters.
Roman Holiday	Populärer William-Wyler-Film aus dem Jahre 1953 mit Audrey Hepburn, die unter japanischen Frauen sehr beliebt ist.
Rolltreppen	In Tokio: links stehen, rechts gehen; in Osaka umgekehrt.
risutora (JE)	Von engl. *to restore;* Restrukturierung von Betrieben, die gleichbedeutend ist mit ... Entlassungen.
rireki-sho	Standardisierte Bewerbungsformulare, die auch die Blutgruppe abfragen, weil diese Aufschluss über den Charakter geben soll.
rimoto-kontororu (JE)	Von *remote control:* Fernbedienung (auch: *rimokon)*
Reis	*genmai* ist unbelassener, *kome* verarbeiteter, *gohan* gekochter Reis.
Rapeman	Verfilmter Comic, in dem Frauen vergewaltigt werden, „die es verdienen" und sich danach noch beim *Rapeman* bedanken.
Ranking Kingdom	Beliebte TV-Show mit *Top Ten*-Listen aller möglichen Dinge, von

	Kopfschmerzmitteln über Handys bis zu Badepulvern.
randoseru (JD)	Von „Ranzen": (Rücken-) Schultasche von Grundschülern.
rabu retâ (JE)	Liebesbrief *(love letter)*
Privatkonto	Die größte Bank ist im Grunde die Post, die auch Lebensversicherungen anbietet. Japanische Haushalte hatten im Jahr 2000 durchschnittlich 14 Mio. Yen angespart, also etwa 112.000 Euro – und das bei kaum mehr als 0 % Zinsen.
pittari	Ausruf im Sinne von: „Passt perfekt" (z. B. beim Anprobieren von Kleidung).
Piss Kids	Rockband, die sich nach dem *Männiken Piss* (jap. *shonben kozo*) in Brüssel benannte.
Pink Lady	Populäres weibliches Discoduo in den 70ern, deren bekanntester Song *Ufo* (gesprochen „yufo") war, in dem eine gelangweilte Frau Aliens treffen will; der Titel taucht immer mal wieder in Werbespots auf; im Jahr 2003 wieder auf Tour.

pika pika	Onomatopoetische Umschreibung für etwas Brandneues.
Penisgröße	Wird traditionell über das Größenverhältnis von Nase zu Gesicht abgeschätzt; bei der Frau gibt das Loch am Gehörgang Aufschluss über die Enge ihrer Scheide.
peko peko	Onomatopoetische Umschreibung für großen Hunger.
peiofu (JE)	„payoff": Die Zusage der Regierung, beim Bankrott einer Bank den Verlust von Erspartem bis zu umgerechnet ca. 100.000 Euro zu ersetzen (Stand: 2002).
Panasonic	stellt nicht nur Elektrogeräte her, sondern betreibt auch eine Baufirma *(Panahome)*. Die Ausdehnung der Geschäftsfelder ist – im Gegensatz zu der im Westen eher üblichen Konzentration auf ein Kerngeschäft – in Japan gang und gäbe: Die Bierfabrikanten *Asahi*, *Kirin* und *Sapporo* produzieren auch Tee in Dosen und Flaschen, *Hitachi* die schnellen Züge, *Japan Tobacco* Erfrischungsgetränke, *Toyota (Home)* Bauteile für Häuser. Und *Sony* verkauft Versicherungen.

paku paku	Das Geräusch von jemandem, der schnell isst *(Pac Man* hat daher seinen Namen); Beispiel für die beliebte Lautmalerei in der japanischen Sprache.
oya-yubi	„Elternfinger": der Daumen.
otome-tic (JE)	Eine Frau, die sich übertrieben niedlich gibt; von *otome* (Frau) und roman*tic*.
Otoko wa Tsuraiyo	Die längste Filmserie der Welt über den reisenden Verkäufer *Tora-San*.
Otaku	Meist zurückgezogen lebender Fan von *Manga* und Videospielen, der sich zuweilen auffällig kostümiert.
o-soji	Großes Reinemachen und Aufräumen am Ende des Jahres.
oshogatsu	Neujahr, der größte Feiertag in Japan, der dort so still begangen wird wie hier Heilig Abend; 108 mal werden die Tempelglocken geläutet, etwa eine Woche ruhen dann die Geschäfte.
oshibori	Heiße Handtücher, die in Restaurants gereicht werden, während man auf das Bestellte wartet.

ô-gui	Große Esser; beliebt im TV, verschlingen so viele Bananen, Hamburger etc. wie möglich und messen sich in nationalen und internationalen Wettbewerben mit weitaus beleibteren Nicht-Japanern, die sie häufig in Grund und Boden fressen.
onsen	Heiße Bäder, das Lieblingsvergnügen der Japaner. Auch zuhause wird gern gemeinsam gebadet.
one size	T-Shirt-Größe, die langen Ausländern garantiert nicht genügt, ebenso wenig wie die meist höchstens in Größe 10 erhältlichen Schuhe.
omiyage	Unabdingbare Geschenke, die man von Reisen für die Daheimgebliebenen mitbringt.
omiai	Die arrangierte Heirat ist eher ein Treffen zweier Familien, die sich Fotos und Lebensläufe ihrer Kinder und den Kontoauszug des Mannes betrachten, ehe sie entscheiden, ob die beiden Kandidaten zusammenpassen; ferner wird über deren Hobbies geredet, es folgen ggf. private Treffen der beiden Eheaspiranten.
okazu	Alles, „was zu Reis passt", also

	Beilagen wie Fisch, Huhn etc.
okage-sama de	„Dank Ihnen", ein besonders höflicher und bescheidener Ausdruck, mit dem Komplimente erwidert werden. Beispiel: „Sie können aber gut Japanisch." – „Ja, *okage-sama de,* Dank Ihnen." Und das, obwohl man die Person vielleicht zum ersten Mal sieht …
o-kaeshi	Gegengeschenk, das in etwa den halben Wert des ersten Geschenkes haben sollte; auch bei Feiern wie der Hochzeit gehen die Gäste, die 200 Euro mitgebracht haben, mit Gegenleistungen – meist Essbarem – im Wert von etwa 100 Euro nach Hause.
oishii	Passende Bezeichnung für wohlschmeckendes Essen („köstlich").
ohaka-mairi	Während der buddhistischen *obon*-Woche im August die Gräber der Ahnen besuchen und säubern. Dazu werden neben Blumen auch gern Orangen mitgebracht.
ochûgen	Die Geschenke-Zeit im Sommer, in der sich Unternehmen, die Geschäfte miteinander machen, gegenseitig Geschenke (im Wert von je etwa 50

	Euro) zukommen lassen; auch Mütter beschenken Lehrer(innen), Angestellte ihren Chef usw.
O	*maru,* der Kreis: Zeichen für „richtig, korrekt"; ein „X", *batsu,* bedeutet: falsch.
nya nya	Klang des Miauens einer Katze.
nowey (JE)	Von „now" + „ey": neu, cool (Modewort Anfang der 90er-Jahre).
nomunication (JE)	Geselliges, alkoholisiertes Beisammensein; aus *nomu* (trinken) und *communication* zusammengesetzt. Wer keinen Alkohol trinkt, sollte sich dennoch ein volles Glas hinstellen lassen und nur dann ein wenig daran nippen, wenn jemand zum Nachschenken kommt, damit dieser der Tradition Genüge tun kann. Japaner tun sich schwer, mit Anti-Alkoholikern warm zu werden.
Nomo	Bekannter Baseballspieler, der ins Ausland ging.
nodo kara te ga deru	Ausdruck für etwas, was man unbedingt haben will, weshalb „eine Hand aus der Kehle" kommt, das Bedürfnis also offensichtlich wird.

no komento (JE)	„No comment", kein Kommentar.
nishi muku samurai	„Der nach Westen blickende Samurai": Mit diesem Ausdruck merken sich Japaner die Monate, die weniger als 31 Tage haben: ni = 2, shi = 4, mu = 6, ku = 9 und samurai = 11, weil es aus den chinesischen Schriftzeichen für 10 und 1 besteht. Eine weitere Eselsbrücke für den Beginn der Kamakura-Ära lautet *ii kuni o tukurô* (Lasst uns eine große Nation schaffen!), woraus sich das Jahr 1192 ableiten lässt.
nikuman	Chinesische Dampfnudeln mit Füllung, z. B. *pizzaman* (mit Tomatensoße und Käse), *anman* (mit süßen japanischen Bohnen), *curryman;* die besten bekommt man in Ketten wie *Sun Every* oder *Yamazaki Daily Store* und in Yokohamas Chinatown.
nihon	Das Schriftzeichen, das für Japan steht und auch *nippon* gelesen wird, enthält die Teile „Sonne" und „Ursprung"; es stammt aus dem Chinesischen, wo man glaubte, die Sonne entspränge in Japan.
nighter (JE)	Nächtliches Baseballspiel

nice middy (JE)	Slogan der *Japan Railroad,* mit dem Hausfrauen in mittleren Jahren zu mehr Bahnfahrten animiert werden sollten.
NG (JE)	„no good"
Nezumi Land	Synonym für *Disneyland,* von *nezumi* (Maus, Ratte).
nengajô	Neujahrs-Grußkarten; die einzigen, die am 1. Januar zugestellt werden und meist ein Motiv des dazugehörigen chinesischen Jahres zeigen (in 2003 zum Beispiel das des Schafes).
neko-jita	Katzenzunge; wird einem Menschen nachgesagt, wenn er – wie Katzen – keine heißen Speisen mag.
nattô	Fermentierte Sojabohnen, die zusammen mit Senf und Sojasoße ein beliebtes Frühstück ergeben.
natsukashii	Ausruf, der nostalgische Gefühle offenbart; *natsukashi anime* sind nostalgische TV-Shows.
Namen	Werden von Shinto-Priestern auf die Anzahl von Strichen in den Schriftzeichen abgeklopft, denn die entscheidet über späteres Glück.

Nakata	Bekanntester Fußballprofi Japans, der in die erste italienische Liga abwanderte.
mureru	Sich in Gruppen für gemeinsame Erlebnisse treffen (wie *kogals)*.
mugi-cha	Koffeinfreier Tee aus Weizen und Gerste, der in den Sommermonaten sehr beliebt ist und kalt und ungezuckert serviert wird.
mochi	Hart-gepresste Reisfladen, die erhitzt gern zu Neujahr verspeist werden; auch Dekoration in Kugelform.
mocchi	In den 90ern modische Abkürzung von *mochiron* (natürlich, selbstverständlich).
mizu-debu	„wasserfett", d. h. vom Wasser aufgequollen; angebliches Schicksal derer, die versuchen, durch literweises Wassertrinken abzunehmen.
Mitlesen	Das über die Schultern guckende Mitlesen in den Papieren (Zeitungen, Aufzeichnungen etc.) anderer ist durchaus in Ordnung und immer wieder in öffentlichen Verkehrsmitteln zu beobachten
miruku (JE)	Von „milk": Lediglich die Zutat für

	den Kaffee, nicht das, was man aus der Kuh melkt.
Milch	Meist mit ca. 4 % Fett; fettfreie ist kaum zu bekommen.
mikan	Mandarinen, werden gern zu Neujahr gegessen.
migawari	Das Vergehen eines Lebens, wenn ein anderes in die Familie kommt. Manche Familien halten sich Katzen, weil sie bei drohendem Unheil anstelle von Menschen sterben sollen.
midori	Die Farbe Grün – die freilich oft blau, *ao* oder *aoi,* genannt wird, z. B. im Fall von Ampellicht oder Blättern eines Baumes; suchen Japaner nach dem frischesten Gemüse, dann nach dem blausten *(ichiban aoi)*
melon au lait	Milch mit Melonengeschmack, besonders bei Kindern beliebt.
meishi	Visitenkarten, die zuerst vom Höherstehenden *(erai)* oder Älteren überreicht und mit beiden Händen entgegengenommen werden sollen, ehe man ein paar Sekunden draufschaut und dann seine eigene mit

	beiden Händen und einer kleinen Verbeugung übergibt; die Karte des anderen sollte nicht beschriftet, geknickt oder in die Gesäßtasche gesteckt werden.
me ni iretemo itaku nai	„Es würde nicht mal weh tun, wenn du's ins Auge tätest": Ausdruck für ein besonders niedliches und liebenswertes Kind oder Haustier.
mazakon (JE)	„mother complex": der japanische Ödipuskomplex.
Matsuda Seiko	Bekannte Sängerin mit einem extrem kurzen Auftritt im US-Film *Armageddon*.
Masuo-san	Wenn Frauen zu ihren Ehemännern ziehen, nehmen sie deren Namen an. Zieht aber der Mann zur Familie seiner Ehefrau, nimmt er oft deren Nachnamen an. Ein Mann, der das nicht tut, wird *Masuo-san* genannt, nach dem Vater Masuo in der Manga-Serie *Sazae-san*, der an seinem Namen festhielt.
mashô	„Lasst uns …", die Form, die an den Gemeinsinn und das Wir-Gefühl der Japaner appelliert und statt der Befehlsform eingesetzt wird.

manzai	Standup-Komödienform, die in der Kansai-Region entstand und meist zwei Darsteller hat, von denen einer gerade heraus ist *(tsukumi)* und sich im Verlauf einer Bühnenshow zunehmend ärgert über den anderen, der dämlich tut *(boke)*.
manko-ake	„Muschi-Öffnen": bestimmte Art des weiten Aufreißens von Chiptüten, so dass sich einem der Inhalt wie eine Vagina „entgegentürmt".
manko	Das bösartigste Schimpfwort, verweist auf die weiblichen Genitalien.
maboroshi	Vision
love love (JE)	Ausdruck für ein verliebtes Paar.
Love Hotels	Die billigste und diskreteste Art, sich zum Lieben zu treffen. Ca. 60 Euro können an einem der in Japan so beliebten Automaten bezahlt werden (andere Hotels verlangen ihre Gebühren pro Person). Meist thematisches Design, zum Beispiel wie der *Taj Mahal* oder das Gefängnis von Alcatraz.
kyôiku mama	„Erziehungs-Mama": die ehrgeizige Mutter, die ihr Kind auch nach der

Schule noch privat unterrichten lässt.

kyan kyan — Klang des Bellens eines kleinen Hundes.

kusuri-yubi — „Medizinfinger": der Ringfinger.

kuso — Eine Bewegung der Verdauungsapparate, die für unseren Fluch „Scheiße" steht. Vulgär, taucht aber schon in Mangas für Kinder auf.

Krieg — Militärische Aktivitäten außerhalb ihrer Gewässer sind den Japanern durch die (von den Amerikanern aufgezwungene) Verfassung untersagt.

kotatsu — Eine Art niedriger, eingelassener Tisch, in den eine Heizung eingelassen ist; man stellt die Füße drunter und legt eine Decke drüber, damit einem mangels Zentralheizung warm bleibt.

koshi-hikari — Der beliebte Reis stammt aus der Präfektur Niigata, die aus Kawabatas Roman *Schneeland* bekannt ist.

Koshien — Stadion bei Kobe, das zum Synonym für (Hochschul-) Baseballmeisterschaften wurde.

koseki tohon	Familienregister; geht die Frau, wie üblich, ins Elternhaus ihres Gatten *(yome ni iku* – „Wegziehen, um eine Braut zu sein"), wird sie in dessen Register übernommen. Zieht ein Mann ins Haus der Schwiegereltern, wird er *muko* („Sohn, der aus einem anderen Haus kommt") genannt. Ausländer, die Japaner/innen ehelichen, werden nur eingetragen, wenn sie die japanische Staatsbürgerschaft annehmen (was auch einen japanischen Namen beinhaltet).
korome-gae	Der Brauch, die Sommerkleidung ab- und die Winterkleidung anzulegen bzw. umgekehrt; in Schulen offiziell am 1. Juni und 1. November begangen.
Korea	… wird das Land genannt, das Japan am nächsten stehe und zugleich am weitesten entfernt sei.
konyoku	Brauch des gemeinsamen Badens von Männern und Frauen in *onsen,* heute fast ausgestorben.
kokuminsei	Nationaler Charakterzug, z. B. die Neigung, als Gruppe zu denken und zu handeln, was individuelle Initiative oft hemmt. Das Gegenteil wird mit *kawatteru* (seltsam, verschie-

	den) bezeichnet oder ist *my boom*, ein besonderes Hobby oder ein persönliches Wesensmerkmal.
kogal	Unübersehbares Mädchen, das sich auffällig kleidet, die Haare hell und die Haut dunkel färbt, Plateauschuhe trägt usw. Teenies werden *magogal* genannt, Twens *onii-gals* und besonders dunkel gebräunte Frauen *yamanba*.
Kodomo no Hi	5. Mai, Nationalfeiertag für Kinder (eigentlich für Jungen), an dem man besonders viele Drachen in Fischform aufsteigen sieht *(koi-nobori)*. Ende April/Anfang Mai ist für die meisten Japaner durch das Aufeinandertreffen mehrerer Feiertage („Goldene Woche") Urlaub angesagt, weshalb man als Tourist diese Zeit meiden sollte; stets bilden sich nämlich lange Schlangen an beliebten Ausflugszielen.
ko	„Kind", ist oft in weiblichen Vornamen enthalten (z. B. Kei*ko*, Mi*ko)*.
kiseki	Wunder
Kino	Eintrittspreise um die 20 Euro. Spätvorstellungen selten.

Kinder	unter 15 Jahren machen knapp 15 % der Bevölkerung aus; auf eine Frau kommen statistisch 1,35 Kinder. Die große Anzahl von Schulen, auf die sich die geringer werdende Zahl von Schülern verteilen muss, führt zu weniger anspruchsvollen Aufnahmebedingungen.
Kimura Takuya	Seifenopern- und Popstar, beliebter Werbedarsteller; der „Brad Pitt Japans" (oder umgekehrt).
kikoku-shijo	Japanische Kinder, die einige Jahre im Ausland lebten und in ihre Heimat zurückkehren (wo sie häufig mit einem Kulturschock zu kämpfen haben).
kikocalories	Kalorien
kenson	Typisch japanische Demut, mit der zum Beispiel eigene Geschenke überreicht werden („Das ist wirklich ein uninteressantes Geschenk").
Kenkoku Kinenbi	Feiertag im Februar, der an die Gründung Japans durch Kaiser Jimmu im Jahr 660 v. Chr. erinnert.
keitai	Handy
keigo	Die freundliche und höfliche Spra-

che, die genaue Nuancen kennt und den Angesprochenen erhöht, den Sprecher aber bescheiden erscheinen lässt. Dies ist nur möglich, weil für ein und dieselbe Sache verschiedene Worte existieren. Ein Kennzeichen ist auch das vorangestellte „o", z. B. in *okaasan* (Mutter); es wird sogar vor das schlimmste Schimpfwort gesetzt: *o-manko*.

kata-ashi pan	Wenn Damen den Slip an einem Bein belassen, während sie Liebe machen.
karute (JG)	Medizinisches Schaubild
Karaoke	Wird meist in geschlossenen Boxen betrieben, damit man mit seinem Gesang unter sich bleibt; gebildet aus *kara* (leer) und *oke* (Abkürzung für Orchester).
kango-shi	Seit Frühjahr 2002 der offizielle Ausdruck für ausgebildetes männliches und weibliches Krankenpflegepersonal (engl. Pendant: *nurse*).
kakko ii	cool (Gegenstück: *kakko warui*)
kaki kori	Beliebte Sommerspeise aus einem Berg geriebenem Eis und über des-

	sen Spitze gegossenem Sirup.
kaiten-zushi	Sushi auf dem Förderband, wie in einigen Restaurants üblich.
kaimyô	„Himmlische Namen" für einen verstorbenen Buddhisten, also Ehrentitel, die man ab etwa 1000 Euro kaufen kann und die in meist chinesischen Schriftzeichen den Hinterbliebenen nicht selten ein Rätsel bleiben. Im Gegensatz dazu stehen die *seizen kaimyô (seizen:* vor dem Tod, *kai:* Gebot, *myô:* Name), die buddhistische Namen bezeichnen, die Gläubige beim Eintritt in einen Orden erhalten.
jû nin to iro	„Zehn Menschen, zehn Farben"; deutet die Vielfalt der Menschen an.
jun'yû corner (JE)	„Milch gebender" Raum, für die Brustfütterung von Babies.
jôshiki	*common sense;* allgemein akzeptierte Sachverhalte, das, was für alle gilt und wonach sich alle zu richten suchen. Beispiel: In Japan baut man Häuser, statt in „gebrauchte" einzuziehen (darum verfällt auch der Wert eines gerade errichteten Heimes rapide).

jinshin jiko	„Unfall mit Verletzung einer Person": Euphemismus für den beliebten Selbstmord durch Sprung vor einen einfahrenden Zug. *Japan Railroad* lässt sich gern einen Teil der daraus entstehenden Kosten von den Hinterbliebenen ersetzen.
jimusho	Agenturen, die Künstler betreuen; auch: Büro.
ji	„Der zweite" (oder nächste), häufig in Männernamen enthalten, um den zweitgeborenen Sohn zu kennzeichnen (z. B. Ken*ji)*.
Japanese only	Keinesfalls illegales Hinweisschild, das Ausländer oft sogar von gewissen Etablissements ausschließt.
Japan	Wahrscheinlich entstanden aus portugiesisch *Zipangu* oder *Jipangu* nach dem nordchinesischen Wort *Jipenguo;* oder aber aus dem holländischen *Japan,* nach dem südchinesischen *Yatpun.*
ishiyaki imo	Süße Backkartoffeln, die ab Herbstende oft vom langsam fahrenden Wagen aus verkauft werden, wozu der Verkäufer singend (oder von Band) seine Ware anpreist.

infuruenza	Erkältung
Inflation	Praktisch unbekannt und ein Kennzeichen der stagnierenden Wirtschaft, zu der auch lange Zeit die staatlich verordneten Nullprozent-Kredite gehörten, die freilich nur ungern von Banken vergeben wurden, weshalb wiederum Institute Hochkonjunktur hatten, die jedem teure Kredite gewährten (mit ca. 20 – 30 % Zinsen). Drei Gründer solcher Unternehmen *(Takefuji, Acom, Aiful)* zählten im Jahr 2000 zu den *Top Ten* der Großverdiener Japans.
ichi	„eins", ist oft in männlichen Namen enthalten, um den Erstgeborenen zu bezeichnen (z. B. Jun*ichi*ro).
IC (JE)	„inter change": Autobahnauffahrt
Hote-karu	Der *Eagles*-Song *Hotel California*.
Hondaful Life	Slogan, mit dem der *Honda Life* angepriesen wurde.
home, homer, homest (JE)	Werbeslogan des Bauunternehmens *Sanwa House*.
hoken-sho	Nachweis der Krankenversicherung. Die KV ist in Japan für unter

Fünfjährige und alte Menschen kostenlos. Die anderen sind entweder über private Institute sozialversichert *(shakai hoken)*, was meist für Angestellte großer Firmen gilt, oder in der staatlichen Bürgerversicherung *(kokumin hoken)*. Beide decken je 70 % der Kosten ab.

hogosha	„Sorgetragender"; ein Wort, dass von Lehrern aus Rücksicht statt „Vater" oder „Mutter" benutzt wird, weil heute viele Kinder nur noch mit einem Elternteil zusammenleben.
hitosashi-yubi	„Auf-Leute-deut-Finger": der Zeigefinger.
hito no me	„Die Augen der anderen"; beschreibt das Streben der Japaner, in den Augen anderer nicht schlecht zu erscheinen und das soziale Gefüge nicht zu stören.
healthing (JE)	Gesund werden im Sinne von „healing" (bzw. „recovering").
hayari	Mode, Trend; zum Beispiel im Jahr 2000 die Neigung von Mädchen, sich die Gesichter dunkel zu färben, weswegen sie *ganguro* (schwarzes Gesicht) oder *yamanba* (alte Hexe)

	genannt wurden.
Hausaltar	Steht normalerweise beim ältesten Sohn; stirbt ein Familienmitglied, wird ein Holztäfelchen mit seinem Namen angefertigt (was 10.000 Euro kostet) und hineingetan.
hatsumoode	Das erste Gebet in einem Schrein an Neujahr, bei dem man um Gesundheit, Bestehen eines Examens etc. bittet.
hatabi	„Flaggentag"; in Anspielung auf das Rot der japanischen Flagge ein Euphemismus für die weibliche Periode.
haro wâku (JE)	„Hello Work!" – Bezeichnung fürs Arbeitsamt
happy na hito (JE)	Eine glückliche Person; das „na" wird in solchen Wortschöpfungen oft zwischen das englische Adjektiv und das japanische Substantiv gesetzt.
happi endo (JE)	Happy End
hankô	Rechtlich bindender Stempel, der statt einer Unterschrift benutzt wird und offiziell registriert sein muss.

Hand-schellen	Werden im TV oft mit Mosaik unsichtbar gemacht, damit keine Vorverurteilung eines Festgenommenen unterstellt werden kann; in einem früheren Fall hatte nämlich ein unverdeckt Abgebildeter eine Fernsehanstalt auf Schadenersatz verklagt, nachdem er später freigesprochen worden war.
hanami	Brauch, sich zur Kirschblüte zum Feiern unter den Bäumen zusammenzufinden.
hana-kuso	„Nasen-Scheiße", steht für Nasenschleim; entsprechend *mimi-kuso* („Ohren-Scheiße") für Ohrenschmalz, *me-kuso* für den „Schlaf" in den Augen usf.
Hamburg	Das Fleisch auf dem *Hamburger*.
hada-iro	„Haut-Farbe"; früher synonym für Buntstifte benutzt.
gyû-don	Beliebtes Fast Food, eine Schale Reis mit Rindfleisch oben drauf; wird bevorzugt in Restaurants der *Yoshinoya*-Kette serviert, wo praktisch nur Männer verkehren.
gurasu (JE)	Von „glass": das Glas, aus dem man trinkt; Fensterglas ist *garasu*.

Gumtoru (JE)	Markenname eines Staubsauger ähnlichen Gerätes, das speziell für das Beseitigen *(toru)* von Kaugummis an Haltestellen geschaffen wurde – es pult, löst auf und saugt.
goingu mai uê	„going my way"; Person, die die Dinge auf ihre eigene Art erledigt.
Godzilla	Eigentlich *Gojira* (von *gorira* – Gorilla – und *kujira* – Wal); das US-Remake des aus Deutschland stammenden Regisseurs Roland Emmerich sorgte in Japan für Kritik: Es fehlte die Fähigkeit des ursprünglich Japan beschützenden Riesenviehs, Missiles unschädlich zu machen; etwas so Wehrhaftes behagte den Amerikanern offenbar nicht.
gitaigo	Onomatopoetische Wörter, die einen Klang, eine Situation oder einen Zustand nachahmen (siehe *zâ zâ, pika pika* etc.).
giseigo	Onomatopoetische Wörter, die den Klang von Tieren nachahmen (siehe *wan wan, buu buu* etc.).
giri	Verpflichtung
Gin-san	… und Kin-san wurden als Aus-

hängeschilder einer alternden Gesellschaft (mit der höchsten Lebenserwartung der Welt) zu den bekanntesten Zwillingen im modernen Japan; sie starben mit 108 bzw. 107 Jahren.

Gilgamesh Night	Legendäre Erotikshow, die 7 Jahre lang im TV-Spätprogramm lief.
Gewicht	Fragen nach dem Körpergewicht im Stile von „Hast du etwas zugelegt?" sind bei Wiedersehen üblich und freundschaftlicher Natur.
gero gero	Modewort der 90er, um auszudrücken, das man etwas nicht mag; übersetzt: „kotz, kotz".
Gerichte	Bestehen aus einem oder drei Richtern. Verurteilungsquote > 99 %.
genki	Grundlegendes Wort zur Beschreibung des eigenen gesunden und Energie geladenen Zustandes.
genkan	Tiefergelegter Eingangsbereich, auf dem die Schuhe vor Betreten eines Hauses abgestellt werden – wenn nicht im *geta-bako* (dem Schuhschrank). Schuhe gelten als so schmutzig, dass es nicht möglich ist, sie in der Waschmaschine zu

	waschen; viele Frauen würden danach auf eine neue Maschine bestehen.
gasa gasa	Onomatopoetische Umschreibung für rauhe Haut.
gaijin	Person von außerhalb; Bezeichnung für Ausländer, die in offiziellen Organen (wie dem staatlichen TV) zu *gaikoku-jin* (Person aus einem anderen Land) abgemildert wird, weil *gaijin* immer etwas abwertend klingt.
furikomi	Cash-Konto; normalerweise bevorzugen Japaner Geld bar auf die Hand, Schecks sind fast unbekannt.
furîtâ	Abgeleitet von „freeters" (free timer), bezeichnet Menschen, die sich keiner festen Arbeit verschreiben und von Job zu Job angeln.
Fuji-san	In Japan Ausdruck für den Berg Fuji, während Ausländer oft Fujiyama sagen, was von der unterschiedlichen (und plausiblen) Lesart des gleichen Schriftzeichens herrührt.
Frankfurt	Die Wurst im *Frankfurter* (Würstchen).

Fotos	Beliebt ist, für Aufnahmen das V-Zeichen mit den Fingern zu machen und für ein Grinsen auf englisch „cheese" zu sagen, aber auch japanisch „ni". In Filmen (wie *Tora-san*) hört man zuweilen auch jemanden das englische „butter" artikulieren, was ebenfalls den Mund weitet.
fan (JE)	Lediglich der Deckenventilator, nicht aber der klassische Fächer in der Hand.
enryo	Japanisches Konzept des „Zögerns" und der Höflichkeit, das bei Entscheidungen in der Gruppe bedeutet, dass ein Konsens gefunden werden muss, mit dem alle einverstanden sind (z. B. bei der Frage, in welches Restaurant man geht). Gut zu beobachten, wenn nur noch ein Stück Pizza übrig ist und keiner wagt, es zu nehmen …
enka	Traditionelle Lieder, die schon vor dem Zweiten Weltkrieg beliebt waren, vorwiegend vom Liebesleid singen und oft im Kimono vorgetragen werden.
election	Da Japaner gemeinhin keinen Unterschied zwischen „l" und „r" ma-

chen, klingt dieses englische Wort wie ... Die fünf Vokale, die man kennt, werden mit Konsonanten zusammen gedacht (von denen nur das „n" alleine stehen kann), und lange Fremdworte in entsprechende Silben zerlegt, was die oft etwas abgehackte Aussprache und eigenwillige Verbindung von nichtjapanischen Wortbestandteilen erklärt.

eijûken	Permanente Aufenthaltserlaubnis; bedeutet z. B., dass man einen japanischen Führerschein statt des internationalen zum Autofahren haben muss – und damit auch Strafzettel zugestellt werden können.
Earlarm (JE)	Ohrclip, den man wie einen Wecker einstellen kann, um zum Beispiel an der richtigen Haltestelle aus dem üblichen Nickerchen in öffentlichen Verkehrsmitteln zu erwachen.
dorama (JE)	TV-Seifenopern
Doraemon	Langlebige TV-Serie um eine Art Katzen-Roboter.
donmai (JE)	„Don't mind!"
domo	„sehr"; ein Wort, das auch stellver-

	tretend für ganze Ausdrücke stehen kann, so für Danke, Entschuldigung, Auf Wiedersehen etc.
doitsu-mura	Nachbildung eines „deutschen Dorfes" namens Kronenberg, eine Art Themenpark, in dem man Menschen in deutscher Tracht trifft, deutsches Bier trinken kann und Schäferhunden begegnet (die freilich aus Neuseeland stammen).
DM (JE)	„direct mailing"
Desneyland	Mangels einer Silbe „di" im Japanischen wird der Erlebnispark so gesprochen; das gleiche gilt für Worte mit der Silbe „ti", die ebenfalls fehlt (so wird *Party* zu Parteh).
deru kui wa utareru	„Ein herausstehender Nagel wird eingeschlagen": bekannter Ausdruck für die Abneigung der Japaner gegen das „Aus-der-Rolle-Fallen".
dekichatta kekkon	Eheschließung aufgrund unbeabsichtigter Schwangerschaft.
Defat Soap	Aus China stammende Seife, die bei Benutzung das Körpergewicht reduzieren sollte und einen knappen Sommer lang der Hit war, bis sie

verboten wurde. Daraufhin versuchten Touristen, sie aus China und Hongkong mitzubringen: 10.000 Seifen wurden beschlagnahmt.

dara dara	Onomatopoetische Umschreibung für langsames Handeln oder Faulheit.
daisha	„Ersatzauto": Service für Angetrunkene, die sich ein Taxi mit Ersatzfahrer rufen, der ihr eigenes Auto zu ihnen nach Hause fährt, während sie sich im Taxi heim chauffieren lassen.
daikoku-bashira	Die Stütze des Hauses: der Familienvater, der für alle sorgt.
conbinis	Kleine Supermärkte (bekannte Ketten sind *7-11, Lawsons, Thanks, Yamazaki Daily Store*), die nicht nur Waren anbieten, sondern auch die Zustellung von Paketen übernehmen und über die man seine Telefon- und Stromrechnung begleichen kann (die Identifizierung erfolgt über einen Barcode).
chôwa	Harmonie; wird nicht zuletzt durch Gleichschaltung und feste Erwartungen an den Einzelnen, nicht aus der Reihe zu tanzen, erreicht.

chotto	„ein kleines bisschen"; oft in höflichen Antworten gebraucht, statt direkt „Nein" zu sagen, z. B.: „Hat das Essen geschmeckt?" – „Chotto."
chonmage	Haarknoten der Samurai
Chiune Sugimoto	Ein japanischer *Schindler,* der als Konsul in Estland mehr als 40.000 Visa für Juden ausstellte, damit sie vor dem Nazi-Terror über Japan nach Südamerika, Kanada oder in die USA fliehen konnten.
chirarism (JE)	Sexuelle Neigung, Mädchen unter den Rock zu schauen; von *chira* (kurzer Blick) und der engl. Endung *–ism.*
chinpoko	Kinderwort für Penis.
chin chin	„Penis": Wort der Wahl von Eltern gegenüber ihren kleinen Kindern.
chikan	Fummler, die in überfüllten Verkehrsmitteln Frauen begrapschen. Das Problem ist so verbreitet, dass inzwischen Waggons eingeführt wurden, die ausschließlich Frauen vorbehalten sind, und Hinweisschilder mit dem Aufdruck *chikan chûi* („Vorsicht vor Perversen").

chapatsu	Beliebte Blondtonfärbung im weiblichen Haar.
cash corner (JE)	Geldautomat *(ATM)*; nimmt längst nicht alle Karten, darum sollte man viel Bares dabei haben (oder zur *Citibank* gehen).
car navi (JE)	Navigationssystem im Auto
buyo buyo	Bezeichnung für fette Menschen.
buu buu	Klang des Grunzens eines Schweins.
bureiki (JE)	Von „break": die Bremse beim Auto. Die Pause („have a break") wird dagegen *bureiku* genannt.
Bura-pii	Brad Pitt
Brot	Japaner mögen's meist ohne Kruste.
Boys, be ambitious!	Von Prof. Clark, dem Gründer der Sapporo Universität, bei seinem Abgang geprägter Spruch („Jungs, seid ehrgeizig!"), der in ganz Japan bekannt wurde.
bônen-kai	„Vergiss-das-Jahr-Party" zum Ende des Jahres, im Gegensatz zu *shinnen-kai,* einer Feier im neuen Jahr.

boso-zoku	Straßengangs, die durch frisierte laute Motorräder, Missachten der Helmvorschrift, Hupen, Verkehrsbehinderungen und gelegentliche Botengänge für die *Yakuza* von sich reden machen; bestehen überwiegend aus Schulabbrechern.
boryokudan	„Gewaltgruppen": Offizieller Ausdruck für *Yakuza*-Gangs, denen seit 1992 verstärkt der Kampf angesagt wurde, was zu einem allmählichen Aussterben von deutlich sichtbaren Kennzeichen wie Tattoos, abgeschnittenen Fingern und auffälliger Mode auf Seiten der Ganoven zu führen scheint.
boro boro	Onomatopoetische Umschreibung für etwas Altes, Verfallenes.
bon-odori	Sommertanz im *Yukata* während des *obon*-Festes.
bonnetto (JE, JI)	Motorhaube; von „bonnet(o)"
Bongo Friendee	Name eines Camping-Vans von Mazda; andere interessante Wortschöpfungen sind Toyotas *Super Saloon* und Mitsubishis *Thanks Chariot* (chariot = zweirädriger Triumphwagen).

bodycon (JE)	„body conscious": beschreibt das Körperbewusstsein und die Fitnesswelle von Frauen Mitte der 90er-Jahre.
bitamin (JE)	Vitamin(e)
bishi bishi	Onomatopoetische Umschreibung für das schnelle Erledigen von Aufgaben.
bimbô	Jemand ohne Geld.
bikkuri	Ausruf der Überraschung und des Schockiertseins (gelegentlich wird auch das engl. *shock* benutzt).
bike (JE)	Motorrad (nicht Fahrrad)
benpi	Verstopfung. Ein Problem, mit dem sich ca. 50 Prozent der japanischen Frauen herumplagen, und wohl eine der Hauptursachen für Brustkrebs.
beddo (JE)	Bett
Banknoten	Auf der 1000 Yen-Note ist der Autor Soseki Natsume *(Ich, der Kater; Kokoro)* abgebildet; auf der 5000 Yen-Note Inazo Nitobe (Autor des *Bushido),* der ausgiebig Europa und die USA bereiste, um Anregungen für die Modernisierung Japans zu

erhalten; auf der 10.000 Yen-Note Yukichi Fukuzawa, ein Reformator der Meiji-Ära und der Begründer der Keio-Universität. Seit dem Jahr 2000 gibt es eine 2000 Yen-Note mit einem Bild des *Shurei*-Tores auf Okinawa auf der Vorderseite und einer Szene aus dem *Genji Monogatari* sowie einer Abbildung seiner Autorin Murasaki Shikibu auf der Rückseite.

Banana Cola	Von *Takara* in Zusammenarbeit mit *Chiquita* produziertes Getränk.
baka	Idiot; allgemein gebräuchliches Schimpfwort.
Autounfälle	9000 tödliche im Jahr 1999.
Autolicht	An Kreuzungen beobachtet man, dass Fahrer beim Warten auf Standlicht umschalten, um andere nicht zu blenden.
Autobahnen	Das einfache Prinzip, die paar Autobahnen, die Hauptstädte verbinden (aber untereinander oft nicht verbunden sind), nicht zu verstopfen, lautet, horrende Gebühren für ihre Benutzung zu verlangen (umgerechnet ca. 5 Euro für je 20 km).

Ausländer	Der offizielle Anteil an der Gesamtbevölkerung beträgt ca. 1 %, hauptsächlich aus Korea, Peru und Brasilien (meist Japanischstämmige, *nikkei* genannt), Pakistan und China kommend.
Augenfalten	Die Falten in den Lidern – bei geöffneten Augen – kennzeichnen das Ausmaß von Schönheit: *hitoe* (eine Falte), *futae* (zwei Falten), *mie* (drei Falten) etc.
Apron Park	550 qm großes Geviert mit Aprikosenbäumen mitten auf dem Flughafen Tokio Narita, das von Umweltschützern erzwungen wurde und Flugzeugen das Manövrieren erschwert(e).
Anorexie	Verbreitetes Phänomen unter weiblichen Teenies und frühen Twens, von denen mehr als die Hälfte Untergewicht hat (um möglichst jung auszusehen).
amuler (JE)	Mädchen, die in den 90er-Jahren den Popstar Amuro Namie im Aussehen zu kopieren suchten.
Alkohol	Offiziell ab 20 Jahren zu haben; lange Zeit gab es ihn unkontrolliert an Automaten, wo man inzwischen

einen Führerschein als Altersnachweis einschieben muss.

arubaito
oder *baito:* lohnbasierter Job im Gegensatz zur krankenversicherten Teilzeitarbeit *(part)* oder Fulltime-Jobs.

Aki-Aji
Ein Bier von *Kirin,* das es nur im Herbst gibt.

Akebono, Konishiki, Musashimaru
Bekannte japanischstämmige Sumo-Kämpfer aus Hawaii, die den Titel *yokozuna* (Großmeister) errangen.

aizuchi
Zustimmende Silben und Geräusche, die Japaner in Gesprächen von sich geben, z. B. *ne, so* („das ist wahr"), *ih* („ja"); damit wird angezeigt, dass man zuhört.

ai shiteru
„Ich liebe dich". *ai* ist die eher romantische und sexuelle Liebe, während *koi* die langfristige Zuneigung in einer Beziehung bezeichnet. Japaner sagen seltener explizit *ai shiteru* als *suki desu* („Ich mag dich").

acchi no hito
„Die Person da drüben": Euphemismus für Ausländer. *acchi* steht für etwas Fernes, vergleichbar mit

	asoko, das ebenfalls eine leicht negative Konnotation beinhaltet (es umschreibt die Genitalien).
aburagish (JE)	Von *aburagi* (Öl) und der engl. Wortendung *–ish* gebildetes Adjektiv, das Personen mit fettiger Haut bezeichnet.
Aberglaube	Man soll niemals Stäbchen aufrecht in den Reis stecken *(tachi-bashi),* weil das in buddhistischen Totenfeiern geschieht, wenn man den Verstorbenen eine letzte Schale Reis darbringt – es heißt darum, nur Tote könnten ihre Stäbchen in den Reis stecken; auch sollte man kein Essen mit den Stäbchen weiterreichen, denn das erinnert an das Entfernen der Totenknochen mit Zangen; man sollte nicht mit dem Kissen nach Norden schlafen, weil so die Toten vor der Kremation liegen; ferner sollte man nichts in einer Anzahl von vier Teilen schenken, weil „vier" in Japan *shi* heißt und damit auch „Tod". Kranken in Hospitälern bringe man keine Topfpflanze, weil das aufgrund ihrer Verwurzelung bedeutet, dass der Patient noch lange im Krankenhaus verweilen könnte. Schneidet man sich die Fingernägel nachts, wird

	man nicht mit seinen Eltern zusammen sein, wenn diese sterben.
abauto na hito	Eine „about"-Person, die sich gern vage ausdrückt.
23-23,5 cm	Typische Schuhgröße jap. Frauen
14. März	„Weißer Tag": Frauen bekommen von Männern (weiße) Schokolade; einige auch zu Rosen geformte Slips von ihren Geliebten.
14. Februar	Valentinstag. Männer bekommen von Frauen Schokolade und sollten sich dafür später revanchieren (siehe 14. März).
119	Notrufnummer
10. Februar	Gründungstag der Nation, nach Überlieferung der Tag der Inthronisierung des ersten japanischen Kaisers. Dieser Feiertag war von Mac Arthur nach Ende des Zweiten Weltkrieges verboten worden, wurde aber vor einigen Jahren wieder eingeführt. Dafür kennt Japan kaum Tage, an denen – wie etwa in den USA – der gefallenen oder heldenhaften Soldaten gedacht wird.
10 bis 6	Statt „9 to 5" die üblichen Arbeits-

zeiten in Japan. Kinder gehen in der Regel erst um 9 zur Schule, also später als in Deutschland, weswegen sie auch selten früh ins Bett müssen.

T-Shirt-Sprüche, Schilder, Markennamen

omae no kaachan wa deba
(Deine Mutter hat einen vorstehenden Nabel)

kichiku beihei
(Barbarische US-Soldaten)

danson johi
(Respektiert Männer, Frauen sind minderwertig)

sonno joi
(Respektiert den Kaiser, vertreibt
die ausländischen Barbaren)

Shit, Fuck, Satan

Adventures in Dickland

Nobody believes such thing today

There was no time better than present

Let's do violent sports together
[auf einem Mädchen-T-Shirt]

I'm the best pussy in the cat house
[auf einer mit Kätzchen verzierten Küchenschürze]

Hot Pork and Feet
[auf dem Shirt eines Restaurantangestellten]

Beware, you will be boiled!
[Schild vor einem *onsen*, einem der
traditionellen heißen Bäder, in Kyushu]

MICRODICK
[als Parodie auf das *Microsoft*-Logo]

*We Pleasure in making this shirt,
Sewing is especially fun to me!*
[auf dem Etikett eines T-Shirts]

This coat is warmer than my family
[Aufdruck auf einem Frauenmantel]

Stick to Coffee and Alcohol
[Schild in einer Bar]

A fresh wind will blow in your mouth
[auf einer Packung Minzbonbons]

*Push button. Foam coming plenty. Big noise.
Finish.*
[an einem öffentlichen Waschautomaten]

US Marines – the greatest fighting farce on earth
[auf einer Baseballjacke]

Gives you strong mouth and refreshing wind.
[auf einer Zahnbürstenpackung]

Really fucking exciting
[auf dem Rücken einer Jacke]

Be considerate – think for others.
[Hinweisschild eines *onsen*]

Big Teddy's Stick
[Markenname eines Schokosticks]

Pecker
[Markenname von Salzstangen;
amerikanischer Slangausdruck für „Schwanz"]

Sperm
[Markenname einer Computermaus]

Salatoma
[Markenname eines Tomatensaftes]

Eric Crapton
[CD-Aufschrift seiner *Single Best Selections]*

Akita to Okinawa. Non Stop Fright.
[Werbeposter einer Fluglinie]

Keep out of children
[Warnhinweis auf der Packung eines Messers]

Horny Remover
[Markenname eines Hornhautentferners]

Naive
[Markenname eines Shampoos]

Blow Club
[Name einer Bar]

Panic
[Markenname eines Kaugummis]

Nippless
[Markenname von Pflastern, die Frauen zum
Schwimmen unter Badeanzügen tragen können]

Super Super Super
[Name eines Geschäftes in Tokio]

Be half as fresh as the day is long
[auf einer Tampon-Packung]

Please fasten seat belt to prepare for crash!
[in einem Tokioter Taxi]

No limit on sex.
[aus einer Stellenanzeige]

Just fucking around
[auf dem T-Shirt einer Frau im mittleren Alter]

Three cute prawns suntanning on the rice
[Beschreibung eines Garnelen-Menüs
auf einer Speisekarte]

Have a naked summer
[T-Shirt-Aufdruck]

Too drunk to fuck
[T-Shirt-Aufdruck]

Pimpex
[Markenname eines Akne-Mittels]

God Jesus
[Markenname eines
„hellsehenden" Spielzeug-Roboters]

Desert Storm
[Markenname einer Cola
„for active people with fighting spirit"]

I feel coke
[Werbeslogan, der zuweilen weitergeht:
and sound special]

Sodom
[Markenname eines Badesalzes]

My first marriage was one of convenience
[auf T-Shirt einer Grundschülerin]

She Her Her Super Emission
[Markenname eines Bonbons mit Pfirsich-
Menthol-Geschmack; Pendant: *I My Me]*

I fuck therefore I am
[T-Shirt-Aufdruck]

Beer Water
[Markenname eines … Wassers]

Gomen ne
[Markenname eines Dosengetränks;
übersetzt: „Entschuldigung!"]

Nude
[Markenname eines Fruchtgetränks]

Air
[Markenname eines Erfrischungsgetränkes]

Fuzzy Navel
[„Fusseliger Nabel"; Markenname
eines alkoholhaltigen Fruchtsaftgetränkes]

kita, mita, katta
[T-Shirt-Aufdruck : „Ich kam, sah und siegte"]

Weitere Beispiele für japanisches Englisch

Am 5. Januar 2003 veröffentlichte die Tageszeitung *Kobe Shimbun* eine Liste des staatlichen „Instituts für die Nationalsprache", die japanische Alternativen für einige Fremdworte aus dem Englischen vorschlägt, die bereits in die Umgangssprache Eingang gefunden haben. Die Vorschläge lehnen sich oft an kaum bekannte chinesische Schriftzeichen an oder geben den Inhalt des übersetzten Fremdwortes nur unzureichend wieder *(kêya* kann z. B. auch für *teate,* Behandlung, stehen). Das Institut empfiehlt, die Leser bzw. Sprecher zu beachten, die man mit aus dem Englischen entlehnten Worten konfrontiert. So würden 80 % der unter 50-Jährigen das Wort *inpakuto* verstehen, aber nur etwa die Hälfte aller über 50-Jährigen. Die Liste mit Anmerkungen verdanke ich Takao Mukoh, der mit dem Rest des Buches nichts zu tun hat. Wir beschränken uns auf die Wiedergabe in Umschrift nach dem Muster:

Umschrift der Katakana   Englisch
Vorschlag für Japanisierung   Bedeutung

aidoringu sutoppu   idling stop
teishaji enjin te-shi   Kein Leerlauf (im Auto)

autosôshingu   outsourcing
gaibuitaku   Nutzen fremder Dienste

akushonpuroguram   action program

jikkôkeikaku	Aktionsplan
akusesu	access
setsuzoku;	Verbindung; Zugang
sannyu-ben	
ajenda	agenda
gidai; kagai	Agenda, Tagesordnung
amenitî	amenity
kaitekisei	Annehmlichkeit
anarisuto	analyst
bunsekikenmonka	Analytiker
asesumento	assessment
satei; eikyou hyoka	Abgabe
bakkuofisu	back office
jimu/kanri bumon	Büro-/Kontrollabteilung
bariyafurî	barrier-free
shôgai jokyo	Beseitigen von Hindernissen im eigenen Heim
deisâbisu	day service
higairi kaigo	Tagespflege für alte Menschen
deribarî	delivery
haitatsu; takuhai	Zustellung
ferôshippu	fellowship
kenkyû shôgakukin	Stipendium

firutaringu
senbetsu

filtering
Auswahl (von Infos)

forôappu
tsuiseki chôsa

follow-up
Nachsorgeuntersuchung

furekkusutaimu
jisashukin;
jiyûkinmujikan

flex-time
Flexible Arbeitszeit

gaidorain
shishin; shihyô

guideline
Richtlinie; Ziel

hâmonaizêshon
chôwa; kyôchô

harmonization
Harmonisierung

infômudo konsento
nattoku shinsatsu

informed consent
Med. Behandlung mit Einwilligung des Patienten

inpakuto
sho-geki; eikyo

impact
Auswirkung; Einfluss

intanshippu
shûgyou jisshû

internship
Praktikum, Zeit als Trainee

intarakutibu
sôhôkôteki

interactive
interaktiv kommunizieren

kêya
kaigo; kango

care
(Kranken-)Pflege

komitto +
komittomento
kanyo; kakawari;
kakuyaku

to commit +
commitment
beteiligt sein;
Verpflichtung

konsensasu
gôi

consensus
übereinstimmende Meinung

konsôsiamu
kyôdôjigyôtai

consortium
Vereinigung

kontentsu
jôhônaiyô; bangumi

contents
Inhalte, Details, Programm

kyapitarugein
shisan eki

capital gain
Kapitalanlagengewinn

masutâpuran
kihon keikaku

master plan
?

mentaruherusu
kokorono kenkô

mental health
geistige Gesundheit

moratoriamu
shiharai yûyo; teishi

moratorium
Aufschub; Unterbrechung

môtarizêshon
kuruma shakaika

motorization
Automobil orientierte Gesellschaft

môtibêshon motivation
dôkizuke; yaruki Motivation;
Leistungsanreiz

nômaraizêshon normalization
kenjôsha to shôgaisha Eine Gesellschaft,
ga wakehedate naku in der Behinderte und
seikatsu dekiru shakai[*] Nicht-Behinderte ohne
Diskriminierung nebeneinader leben können

nonsuteppubasu non-step bus
teishôbasu; Niederflurbus
mudansabasu

ondemando on demand
chûmontaiô auf Bestellung

opinionrîdâ opinion leader
seron sendo-sha Meinungsführer

pojitibu positive
maemuki; positiv; optimistisch
sekkyokuteki

prototaipu prototype
genkei; Prototyp
shisaku moderu

---

[*] Hier wurde der Vorschlag gemacht, auf das englische Wort eine Erklärung der Bedeutung in Japanisch folgen zu lassen – die dann so lange und umständlich ausfallen würde wie hier.

raifurain
seimeisen

lifeline
(Rettungsleine)

raifusaikuru
shôgaikatei; ishô

life cycle
Lebensspanne

rîfuretto
tebiki; chirashi

leaflet
Handbuch; Flyer

rinyûaru
kaizô; kaishû;
sasshin

renewal
Umbau; Aufbesserung;
Aufräumen

sâbêransu
kanshi; chôsa kanshi

surveillance
Überwachung; Kontrolle

sekandoopinion
betsu no ishi no iken

second opinion
Diagnose eines zweiten Arztes

sekyuritî
anzensei; hoan

security
Sicherheit

sheya
senyûritsu; wakachiau

share
Marktanteil

shifuto
ikô; tenkan

shift
Wechsel; Konvertierung

shinkutanku
chôsa kenkyû kikan

think-tank
Forschungsinstitut

shîzu
shushi; shingijutsu

seeds
Samen; neue Technologie

stokkuyâdo
bunbetsugomi no ichiji hokansho

stockyard
Lagerplatz für getrennten Müll

sukêrumeritto
kibokôka; kibokakudaikôka

scale merit
Vorteile von Unternehmungen großen Umfangs

sûkimu
wakugumi; keikaku

scheme
Projektentwicklung; Planung

sukurîningu
senbetsu; furuiwake

screening
Filmvorführung

taimuragu
jikansa; jikan no zure

time lag
Zeitunterschied

torêsabiritî
tsuiseki kanôsei

traceability
Auffindbarkeit

wâkingurûpu
sagyô bukai

working group
Arbeitsgruppe

yunibâsarusâbisu
kin'itsuryôkin sâbisu

universal service
Dienstleistung zu festem Preis (?)

zeroemisshon   <u>zero emission</u>
haikibutsuzero;   kein Abfall; perfektes
haikibutsukanzen   Recycling
sairiyô

Ein paar hilfreiche Worte für Sex

anata ga suki
(Ich mag dich)

chuu shite kudasai
(Bitte, küss mich; für Küssen steht auch *kisu*;
romantisch ist *seppun* aus der Zeit der Samurai)

hito me bore
(Liebe auf den ersten Blick)

aishiteru kara
(Weil ich dich liebe)

kawaii (schön)

dogenzaka e ikô
[Direkte Aufforderung, ins *Love Hotel* zu gehen; in
Osaka sagt man *sakuranomiya e ikô*]

sekkusu suru (Sex haben)

musume
(„Tochter"; Slangausdruck für die
weiblichen Genitalien)

musuko
(„Sohn"; Slangausdruck für die
männlichen Genitalien)

nudo (nackt)

bajaina (Vagina)

oppai (Brüste)

chikubi (Brustwarze)

mokkori (eine Erektion haben)

bokki (Erektion)

kuchi de yaru (Oralverkehr)

fera (Fellatio)

sikkusu nain (69er-Stellung)

kondomu (Kondom)

bakku (Hundestellung)

seijoi (Missionarsstellung)

penis; hinpo (Slang für: Penis; Schwanz)

kindama („Goldener Ball"; Hoden)

iku (Ich komme …)

shasei suru (ejakulieren)

maroyaka (warm und kuschelig)

Ganovensprache

shiro nara shiro, kuro nara kuro
[alter Dresscode: trägt man schwarz oder weiß, so soll es jeweils von Kopf bis Fuß sein]

aniki (älterer männlicher Chef)
waka (der Sohn des Chefs)

chimpira (niedriger Rang)

satsu (statt korrekt: *keisatsu*)
poriko (verniedlichend, statt korrekt: *pori*)
inu (Hund)
[alles Ausdrücke für die Polizei]

tatamu (falten)
yaru (machen)
kesu (ausradieren)
[alles Ausdrücke fürs Töten]

han-goroshi („halbes Töten": Verprügeln)

chaka, hajiki (Pistole)

utau (singen)
[Ausdruck fürs Geständnisablegen]

rappa (Lüge)

shima (Territorium)

shaba (die Welt jenseits der Gefängnisse)

Adressen der Yakuza
(Stand: März 2001)

Name der Gruppe (Mitgliederzahl)	Adresse *Repräsentant*
Yamaguchi-gumi (17.500)	4-3-1 Shinoharahon-machi Nada-ku Kobe-shi, Hyogo *Yoshinori Watanabe*
Sumiyoshi-kai (6.200)	6-4-21 Akasaka Minato-ku, Tokyo *Shigeo Nishiguchi*
Inagawa-kai (5.100)	7-8-4 Roppongi Minato-ku, Tokyo *Kakuji Inagawa*
Kyokuto-kai (1.700)	1-29-5 Nishiikebukuro Toshima-ku, Tokyo *Kyu Hwa Cho*
Matsuba-kai (1.500)	2-9-8 Nishiasakusa Taito-ku, Tokyo *Chun Song I*

Aizukotetsu-Kai (1.100)	176-1 Iwataki-cho Agaru Kaminokuti Higashitakasegawasuji Simogyo-ku Kyoto-shi, Kyoto

Toshitsugu Zukoshi

Dojin-kai (530)	6-9 Torihigashi-machi Kurume-shi, Fukuoka

Seijiro Matsuo

Kudo-kai (520)	1-1-12 Kantake Kokurakita-ku Kitakyushu-shi, Fukuoka

Satoru Nomura

Kokusui-kai (520)	4-3-1 Senzoku Taito-ku, Tokyo

Kazuyoshi Kudo

Soai-kai (460)	5-9-9 Nishi Tatsumidai Ichihara-shi, Chiba

Myong U Sin

Okinawa Kyoku-ryu-kai (370)	2-6-19 Tsuji Naha-shi, Okinawa

Kiyoshi Tominaga

Kyokuto Sakurai-Soke Rengokai (360)	1787-1 Higashioki Aza Hara Numazu-shi, Shizuoka
	Yasuyuki Serizawa
Fukuhaku-kai (340)	5-18-15 Chiyo Hakata-ku Fukuoka-shi, Fukuoka
	Makio Wada
Kyosei-kai (280)	2-6-5 Nihoshin-machi Minami-ku Hiroshima-shi, Hiroshima
	Isao Okimoto
Sakaume-gumi (280)	2-6-23 Higashi-shinsaibashi Chuo-ku Osaka-shi, Osaka
	Kin Zaikaku
Kyokuryu-kai (270)	4-301-6 Ishimine-cho Shuri Naha-shi, Okinawa
	Yoshihiro Onaga
Goda-ikka (190)	3-14-12 Takezaki-cho Shimonoseki-shi, Yamaguchi
	Kanji Nukui

Kyodo-kai　　　　　3-1170-221 Shintakayama
(180)　　　　　　　Onomichi-shi, Hiroshima

　　　　　　　　　Kazuo Morita

Azuma-gumi　　　　1-11-8 Sanno Nishinari-ku
(170)　　　　　　　Osaka-shi, Osaka

　　　　　　　　　Kiyoshi Kishida

Nakano-kai　　　　　12-4 Ikutama-cho
(170)　　　　　　　Tennouji-ku
　　　　　　　　　Osaka-shi, Osaka

　　　　　　　　　Taro Nakano

Taishu-kai　　　　　1314-1 Yugeta Oaza
(130)　　　　　　　Tagawa-shi, Fukuoka

　　　　　　　　　Raitaro Oma

Kozakura-ikka　　　9-1 Kotuki-cho
(120)　　　　　　　Kagoshima-shi, Kagoshima

　　　　　　　　　Kiei Hiraoka

Asano-gumi　　　　 615-11 Kasaoka
(120)　　　　　　　Kasaoka-shi, Okayama

　　　　　　　　　Yoshiaki Kushita

Shinwa-kai (70)	2-14-4 Shiogami-cho Takamatsu-shi, Kagawa
	Kunihiko Hosotani
Yamano-kai (70)	180-1 Hayakawa Oaza Kousa-cho Kamimashiki-gun, Kumamoto
	Tetsuo Ikeda

Die 20 beliebtesten Showkünstler
(nach einer Erhebung des TV-Senders *NHK* 2001)

Männer

1. Akashiya Samma (Komödiant)
2. Beat Takeshi (Komödiant, Filmregisseur)
3. Tokoro George (Musiker)
4. SMAP (Popgruppe)
5. Kitajima Saburo *(Enka-*Sänger)
6. Tamori (Komödiant)
7. Katori Shingo (Mitglied von *SMAP)*
8. Oda Yuji (Schauspieler)
9. Takahashi Hideki (Schauspieler)
10. Kimura Takuya (Mitglied von *SMAP,* Schauspieler)

Frauen

1. Hisamoto Masami/Matchami (Komödiantin)
2. Matsushima Nanako (Schauspielerin)
3. Wada Akiko (Sängerin)
4. Hamasaki Ayumi (Sängerin)
5. Morning Musume (Weibliche Popgruppe)
6. Matsu Takako (Sängerin, Schauspielerin)
7. Kanno Miho (Schauspielerin)
8. Utada Hikaru (R&B-Musikerin)
9. Tendo Yoshimi *(Enka-*Sängerin)
10. Fujiwara Norika (Schauspielerin)

*Kleine Auswahl weiterer Titel im Angkor Verlag.
Vielen Dank für Ihr Interesse!*

Yamamoto Tsunetomo: *Hagakure. Der Weg des Samurai.*

Das Standardwerk der Samurai. Amazon.de-Bestseller. Jetzt auch als Hardcover-Ausgabe mit neuen Textstellen und allen Zitaten aus dem Film *Ghost Dog*.(11 [TB] bzw. 22 [HC] Euro)

Chou Ta-Kuan: *Sitten in Kambodscha. Über das Leben in Angkor im 13. Jahrhundert.*

Wie haben die Khmer im sagenhaften Königreich von Angkor und in seinen überragenden Tempeln gelebt? Dieser Augenzeugenbericht eines chinesischen Gesandten gibt als einziger Aufschluss darüber. (6 Euro)

Dogen Zenji: *Shobogenzo Band 3 und Band 4. Die Schatzkammer des Wahren Dharma.*

Klassiker der Zen-Literatur aus dem 13. Jahrhundert. Die ersten zwei Bände erschienen im *Theseus-Verlag*, Band 3 und 4 schließen nun im *Angkor Verlag* das Werk ab. (je 22 Euro)

Suzuki Shosan: *Du wirst sterben! Zen-Krieger II.*

Suzuki Shosan war wie der Autor des *Hagakure* zunächst Samurai, bevor er Zen-Mönch wurde. Seine kriegerische Zen-Lehre ist einmalig und stellt die Konfrontation mit dem Tod in den Mittelpunkt. Hervorragende Ergänzung und Vertiefung zu *Samurai-Beat. Der Zen-Krieger (Budoshoshinshu)*. (11 Euro)

Philippe Coupey (Hg.): *Sitzender Drache. Zen-Lehren von Meister Deshimaru.*

Im Rahmen der legendären Sommer-Sesshin 1978 vergleicht Deshimaru Roshi das Rinzai- und Soto-Zen. Wunderbarer Einblick in die Lehrmethode des einflussreichen Meisters. Ausführliches Glossar. (22 Euro)

www.angkor-verlag.de